AF475509

...OSINA ET LORENZO,

OU

LES GONDOLIERS DE VENISE;

BALLET EN UN ACTE,

DE LA COMPOSITION DE M. AUMER,

Artiste de l'Académie Impériale de Musique;

Représenté, pour la première fois, sur le théâtre de la Porte Saint-Martin, le 15 ventôse an XIII.

A PARIS,

Chez BARBA, libraire, palais du Tribunat, n°. 51, galerie derrière le théâtre Français.

AN XIII.

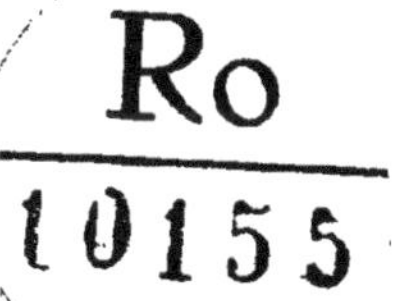

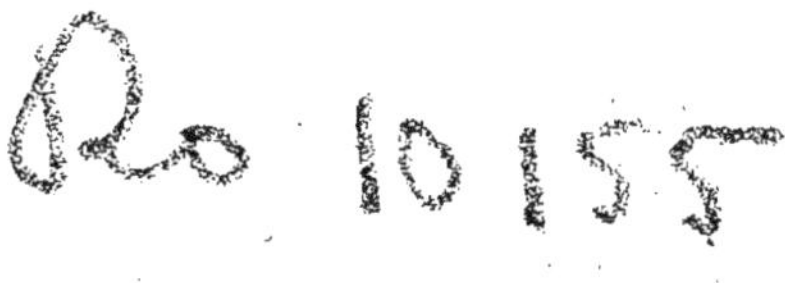

PERSONNAGES.	ACTEURS.
PEDRILLA, paysanne.	Mme BELLEMENT.
ROSINA, sa fille aînée.	Mme QUÉRIAU.
LAURETTA, sa fille cadette.	Mlle SANTIQUET.
LAURENZO, gondolier, amant de Rosina.	M. MORAND.
FLORILLO, père de Laurenzo, } tous trois amoureux de Rosina.	M. BOURDAIS.
UN PODESTAT, } tous trois amoureux de Rosina.	M. FUSIL.
GEORGINO, paysan niais, } tous trois amoureux de Rosina.	M. TALON.
UN GONDOLIER.	M. SPITALIER.
UNE PAYSANNE.	Mlle ETIENNE.
NOBLES.	M. RHÉNON. Mlle ETIENNE. Mlle ALINE.
UN NOTAIRE.	M. MAZILLI.

GONDOLIERS ET PAYSANNES :

MM. Rousseau, Camus, Borda, Alerme, Sévin, Réval, Lemaire, Guy, Hippolyte Duriez, Dumouchel, Soissons, Mérante.

Mmes Fresinette, Denise, Barré, Pauline Cornu, Victoire Dégroi, Rhénon, Duval, Godet, Julienne, Julie, Maucassin.

ROSINA ET LORENZO,

BALLET.

Le théâtre représente un village. Sur la gauche, plusieurs petites maisons, et à droite celle de Pedrilla, entourée d'un jardin; dans le fond, une rivière assez large pour porter des gondoles; de l'autre côté de la rive on voit l'entrée d'une ville.

SCÈNE PREMIÈRE.

ROSINA est occupée à faire un nœud de ruban pour son amant: elle témoigne de l'ennui de ne le point voir arriver. Lauretta, sa sœur, cherche à la distraire. Laurenzo paraît au milieu de la rivière, sur une petite chaloupe: il jette ses filets. Lauretta l'aperçoit; elle l'appelle: il se hâte de descendre de sa chaloupe, et arrive près de Rosina: il lui présente son bouquet, que Rosina refuse. Elle le boude de ce qu'il l'a fait trop attendre. Lauretta prend le bouquet; elle le présente à Rosina, qui l'accepte des mains de sa sœur. Lauretta les raccommode.

SCÈNE II.

Pedrilla arrive auprès de ses enfans. Laurenzo invite sa maîtresse à venir danser. Rosina demande la permission à sa mère : la bonne Pedrilla y consent. Rosina vole dans les bras de son amant, et ils se jurent un amour éternel. Pedrilla a envoyé Lauretta chercher son tambour de basque : sitôt qu'elle est de retour elle prend sa guitare et accompagne sa sœur. Laurenzo et Rosina imitent les pas de Lauretta. Ce charmant badinage est interrompu par l'arrivée du Podestat. Laurenzo s'échappe sans être aperçu. Rosina prend des mains de sa mère le tambour de basque, et continue à danser.

SCÈNE III.

Le Podestat s'approche de Rosina; mais

elle feint de ne l'avoir pas aperçu, et elle voltige autour du théâtre. Celui-ci la suit : entraîné par le plaisir de voir danser Rosina, il voudrait danser aussi avec elle. Il est bientôt essoufflé ; et Rosina rentre au moment où il va lui saisir la main... Pedrilla, qui a été témoin de cette scène, arrête le Podestat, et lui témoigne son étonnement sur une pareille conduite. Mais le Podestat fait entendre que sa fille est si gaie, que l'on ne peut la voir sans partager sa joie. Revenu à lui, il présente ses hommages à Pedrilla, et, après beaucoup de saluts, il lui fait part de son amour pour sa fille. Pedrilla est étonnée de cette déclaration, et finit par en rire. Celui-ci témoigne son mécontentement : plus il se fâche, et plus la mère se moque de lui ; enfin il entre dans une telle fureur, que Pedrilla le fuit. Il veut la suivre, mais on lui ferme la porte au nez : il est si fortement courroucé, qu'il jure de se venger de l'affront qu'il vient de recevoir.

SCÈNE IV.

Georgino arrive : il tient un gros bouquet

à la main : il va pour entrer chez Pedrilla, mais il est arrêté par le Podestat, qui lui demande la cause de sa visite. Georgino lui dit qu'il aime Rosina ; que, desirant être son époux, il va lui présenter ses hommages. Le Podestat cherche à le dissuader de son projet... il lui peint Rosina comme une coquette, une inconstante, et il lui fait entendre que s'il devient son époux elle le trompera. Georgino est amoureux, et il n'entend ni n'écoute ces remontrances : il persiste à vouloir entrer chez Pedrilla. Le Podestat, voyant qu'il ne veut point renoncer à ses prétentions, lui fait entendre qu'il se chargera de demander pour lui à Pedrilla la main de sa fille. Georgino est satisfait de la proposition : il embrasse par reconnaissance le Podestat, et lui donne son bouquet pour le remettre de sa part à Rosina. Le vieux jaloux feint de consentir aux desirs de Georgino, et il le congédie... Georgino se retire en sautant et en exprimant, devant la fenêtre de sa prétendue, le bonheur dont il jouit en espérance.

SCÈNE V.

Le Podestat est satisfait d'avoir éloigné Georgino. Il veut retourner auprès de Pedrilla; mais il hésite : il aperçoit les gondoliers qui arrivent; il se retire, espérant un moment plus favorable.

SCÈNE VI.

Florillo arrive accompagné de ses gondoliers et de leurs femmes, et les engage à fêter sa prétendue : il s'avance vers la porte et frappe. Pedrilla se présente avec Rosina : il les salue très-respectueusement. Pedrilla lui rend son salut avec politesse : il lui parle de sa fille, et la demande en mariage. Pedrilla croit, ainsi que Rosina, que c'est pour son fils. Rosina en témoigne sa joie; mais quel est sa surprise lorsqu'elle apprend que c'est pour lui-même qu'il fait la demande!.... Rosina veut se jeter à ses pieds, et lui avouer son amour pour son fils; mais Pedrilla l'arrête, dans la crainte de l'irriter en lui refusant la main de Rosina, et elle feint de consentir au marige; elle le prie d'entrer dans sa maison. Florillo est enchanté de cette réception, et dit aux gondoliers de continuer leurs danses : il entre accompagné de Pedrilla, de Rosina et de Lauretta.

SCÈNE VII.

Un jeune gondolier danse un pas de deux avec une jeune paysanne. On place une table dans le jardin. Florillo est conduit par Pedrilla, et suivi de Rosina, qui paraît très-inquiète : il est placé au milieu d'elles. Florillo est au comble de la joie : il boit à la santé de Rosina et à son bonheur futur : il tire des contrats de sa poche, et les présente à Rosina. Dans ce moment la danse est interrompue par l'arrivée de Laurenzo. Rosina l'apercevant parle à sa sœur, qui court vers Laurenzo, et lui raconte les projets de son père. Il le voit assis près de Rosina : il ne doute plus de son malheur; il veut aller près de lui, et lui tout avouer; mais ses amis le retiennent : il semble reprocher à Rosina sa faiblesse ou son ingratitude en écoutant et en favorisant les prétentions de son père. Rosina, qui s'est aperçu du chagrin de Laurenzo, fait signe à sa sœur de prendre sa place; et à sa mère d'occuper Florillo. Elle vient se précipiter dans les bras de son amant, et lui promet de ne jamais appartenir à d'autres qu'à lui. Laurenzo lui dit que si son amour est sincère, elle n'a qu'à s'enfuir avec lui. Rosina refuse... Laurenzo, consterné, se livre à ses réflexions. Enfin il a médité un projet : il fait entendre à Rosina qu'elle doit différer de donner son consentement jusques à l'entrée de la nuit; qu'à cet instant il se présentera, avec tous ses amis, sous le costume d'un seigneur, et qu'elle apprendra le reste. On approuve son stratagême. Rosina le quitte en lui donnant les plus vifs témoignages de son amour. Pendant cette scène les gondoliers ont tour à tour occupé la scène par leurs danses, afin de favoriser l'entretien de Laurenzo et de Rosina. On aperçoit Georgino qui s'avance. Laurenzo dit à tout le monde de regagner l'autre rive : ils obéissent, et saluent Rosina, Pedrilla, Florillo. Ils s'éloignent. Laurenzo se met à l'écart pour observer son père et Pedrilla.

SCÈNE VIII.

Georgino arrive en courant et cherchant le Podestat. Il aperçoit, assis auprès de Rosina, Florillo qui lui baise les mains : la jalousie s'empare de Georgino. Pedrilla, qui l'aperçoit, le montre à Florillo, qui rit de son dépit. Pedrilla le fait entrer. Georgino demende à Rosina si le Podestat lui a remis un bouquet dont il l'avait chargé. Rosina répond que non. Il se doute du tour qu'on lui joue. Enfin, on lui apprend que le Podestat a demandé Rosina en mariage. Georgino, qui ne doute point qu'il doit être préféré, fait sa déclaration à Rosina ; mais il est encore plus surpris lorsqu'on lui dit qu'elle est promise à Florillo. Georgino croit que c'est une plaisanterie, et fait entendre que Florillo est trop vieux pour la charmante Rosina : il se moque de lui. Florillo, que le contentement et le vin ont un peu enivré, se lève, et va pour réprimer l'insolence de Georgino : il le menace, et veut fondre sur lui ; mais Rosina l'arrête, et fait signe à Georgino de sortir. La peur le prend, et il gagne la porte : lorsqu'il est en dehors il paraît menacer Florillo.

SCÈNE IX.

Laurenzo, qui a été témoin de tout cela, rit de la poltronnerie de Georgino, et il se propose, en pensant qu'il est son rival, de s'amuser à ses dépens. Il remonte vivement sur sa chaloupe, et appelle Georgino. Celui-ci, pour se soustraire à la colère de Florillo, court vers le rivage : il tend la main à Laurenzo, qui l'évite. Georgino, qui a le corps très-penché, perd l'équilibre, et tombe dans l'eau. Laurenzo paraît vouloir le sauver ; mais, au lieu de cela, il gagne le large, et lui jette une corde, que Georgino s'empresse de saisir, et il suit le bateau.

SCÈNE X.

Le Podestat arrive. Florillo se lève, et va pour sortir ; il fait des révérences à Pedrilla, et lui demande la permission d'embrasser sa prétendue. Le Podestat, présent à cette scène, demeure étonné. Pedrilla sort accompagné de Rosina, de Florillo et de Lauretta. Le Podestat témoigne sa suprise de ce qu'elle lui préfère Florillo. On entend du bruit; on court du côté où il se fait entendre : on aperçoit Georgino qui arrive tout mouillé. Il raconte que c'est le fils de Florillo qui lui a joué ce vilain tour. Tout le monde rit. Le Podestat veut interposer son autorité, et prétendre punir Laurenzo. Mais Georgino, qui l'aperçoit, lui fait des reproches de ce qu'il l'a trompé. La querelle s'échauffe : Pedrilla la termine, en leur faisant observer que ce n'est point en ce lieu qu'ils doivent se disputer. Les trois amans s'avancent vers Rosina, et la prient de décider lequel aura la préférence. Chacun lui peint son amour, et cherche à l'intéresser en sa faveur. Elle les regarde tous trois, et n'en préfère aucun : elle semble demander à sa mère celui qu'elle doit choisir. (La nuit commence à paraître.) Pedrilla va se décider au moment où l'on entend une *barcarolle*. On voit de l'autre côté de la rive beaucoup de gondoles garnies en verres de couleur. Cependant Rosina explique à sa mère que c'est Laurenzo qui va user d'un stratagême pour obtenir le consentement de son père. Pedrilla est satisfaite : elle espère que ce projet réussira.

SCÈNE XI.

Une première gondole aborde; des gens descendent, et demandent à parler à Pedrilla. On lui dit qu'un seigneur desire de lui être présenté. Le Podestat, homme d'importance, va au-devant de lui, et le reçoit avec dignité : il conduit le seigneur vers Pedrilla. Laurenzo demande à Pedrilla la main de sa fille : il s'avance près d'elle, et lui témoigne son amour. Le bailli n'ose faire éclater sa colère, Florino commence un peu à se dégriser; et Georgino pleure, voyant qu'il va perdre l'objet de son amour. Pedrilla lui dit qu'elle est flattée de l'honneur qu'il veut bien lui faire, mais qu'il n'est point à son pouvoir d'accorder ce qu'il demande, que sa fille est promise.

Le prétendu seigneur menace le Podestat, Florillo et Georgino de tout son pouvoir, si à l'instant ils ne se résignent et n'abandonnent leur projet. Ils se jettent à ses pieds, et le prient de ne point faire usage de son autorité. Le prétendu seigneur y consent, à condition que sur-le-champ ils signeront au contrat ; ce qu'ils font, après que Rosina, Pedrilla et Laurenzo ont donné leur signature. Georgino se lève en tremblant ; il va pour signer aussi ; mais Laurenzo l'arrête, en lui disant qu'il n'a pas besoin de son seing ; et alors, jetant son manteau et ôtant son masque, il se fait reconnaître, et tombe aux pieds de son père. Celui-ci entre dans une grande fureur, apercevant que le seigneur n'est autre que son fils : il le repousse et veut s'emparer du contrat et le déchirer. Mais Lauretta s'en empare. Pedrilla, Rosina et tout le monde le prient de consentir à l'union des deux amans. Le Podestat ainsi que Georgino ne peuvent revenir de leur surprise : le premier s'approche de Florillo, et lui dit de ne point pardonner à son fils. Les hommes, voyant cela, s'emparent du Podestat. Les femmes en font autant de Georgino. Florillo, se sentant pressé vivement, oublie la faute de son fils, et son cœur pardonne à son stratagême. Le Podestat, courroucé, sort en maudissant tout le monde, qui rit de sa colère. Georgino le suit, désespéré d'avoir été joué par eux tous. On termine cette soirée par des danses. Divertissement général.

www.ingramcontent.com/pod-product-compliance
Ingram Content Group UK Ltd.
Pitfield, Milton Keynes, MK11 3LW, UK
UKHW020232200726
13856UKWH00004B/1724

9 782011 905567